日本語能力試験

JLPT

Japanese-Language
Proficiency
Test

公式問題集

第二集

N4
level

音声CD・1枚付

JAPANFOUNDATION　国際交流基金

JEES　日本国際教育支援協会

にほんごの
凡人社
BONJINSHA

はじめに

　日本語能力試験は、日本語を母語としない人の日本語能力を測定し認定する試験として、国際交流基金と日本国際教育支援協会が 1984 年に開始しました。当初、15 か国で実施し、約 8,000 人の応募者でスタートした本試験は、2017 年には 81 の国・地域で実施し、100 万人を超える応募者がある、世界最大規模の日本語の試験に成長しました。日本国内においては全都道府県で実施するにいたっています。

　開始から 34 年の時を経て、試験の活用方法は多様化しました。当初は、主に個人の実力測定や進学の目安として活用されていましたが、現在では、日本の国家試験や出入国管理制度の中で採用されるなど、日本社会の重要な場面において活用されるようになったほか、世界中で様々に活用されています。

　本試験の詳細については、日本語能力試験公式ウェブサイト（www.jlpt.jp）でご覧いただけます。また、2009 年には『新しい「日本語能力試験」ガイドブック』と『新しい「日本語能力試験」問題例集』を、2012 年には『日本語能力試験公式問題集』を発行しています。そしてこのたび、よりよく試験を知っていただけるよう『日本語能力試験公式問題集 第二集』を発行することといたしました。

　本問題集の構成・内容は次のとおりです。
1．本問題集は、「N1」「N2」「N3」「N4」「N5」の 5 冊に分かれています。
2．各レベルとも、試験の 1 回分に相当する問題数で構成されています。
3．試験の練習に使えるよう、問題用紙の表紙と解答用紙のサンプルを掲載しています。
4．「聴解」の試験問題用の CD がついています。また「聴解」の音声を文字にしたスクリプトを掲載しています。
5．実際の試験問題と解答用紙は A4 判です。本問題集では実物より縮小してあります。
6．本問題集の試験問題と解答用紙、正答表と聴解スクリプト、CD の音声は、日本語能力試験公式ウェブサイト（www.jlpt.jp）からダウンロードすることができます。

　本書が学習機会の拡大につながり、日本語教育関係者の参考になれば幸いです。

2018 年 12 月

独立行政法人　国際交流基金　　　公益財団法人　日本国際教育支援協会

目　次

1

しけんもんだい
試験問題

N4

げんごちしき (もじ・ごい)

(30ぷん)

ちゅうい
Notes

1. しけんが はじまるまで、この もんだいようしを あけないで ください。

   Do not open this question booklet until the test begins.

2. この もんだいようしを もって かえる ことは できません。

   Do not take this question booklet with you after the test.

3. じゅけんばんごうと なまえを したの らんに、じゅけんひょうと おなじように かいて ください。

   Write your examinee registration number and name clearly in each box below as written on your test voucher.

4. この もんだいようしは、ぜんぶで 9ページ あります。

   This question booklet has 9 pages.

5. もんだいには かいとうばんごうの 1 、 2 、 3 … が あります。 かいとうは、かいとうようしに ある おなじ ばんごうの ところに マークして ください。

   One of the row numbers 1 , 2 , 3 … is given for each question. Mark your answer in the same row of the answer sheet.

じゅけんばんごう　Examinee Registration Number	

なまえ　Name	

もんだい1　＿＿＿の　ことばは　ひらがなで　どう　かきますか。
　　　　　1・2・3・4から　いちばん　いい　ものを　ひとつ　えらんで
　　　　　ください。

（れい）　これは　一つ　千円です。
　　　　　1　せいえん　　2　せいねん　　3　せんえん　　4　せんねん

（かいとうようし）　｜（れい）　① ② ● ④｜

1　今日は　とても　楽しかったですね。
　　1　いそがしかった　　　　　　　2　すずしかった
　　3　たのしかった　　　　　　　　4　かなしかった

2　わたしは　この　味が　すきです。
　　1　かたち　　　　2　いろ　　　　3　におい　　　　4　あじ

3　この　あたりは　ちょっと　不便ですね。
　　1　ふべん　　　　2　ぶべん　　　　3　ふへん　　　　4　ぶへん

4　やさいを　切って　ください。
　　1　とって　　　　2　きって　　　　3　あらって　　　　4　もって

5　はやしさん以外は　みんな　来ました。
　　1　にそと　　　　2　にがい　　　　3　いそと　　　　4　いがい

6　まどから　ずっと　雲を　見て　いました。
　　1　ほし　　　　2　ゆき　　　　3　くも　　　　4　そら

7　その　電車は　急行ですよ。
　　1　きゅこ　　　　2　きゅこう　　　　3　きゅうこ　　　　4　きゅうこう

8　これは　写さないで　ください。

1　おさないで　　　　　　　　2　うつさないで

3　けさないで　　　　　　　　4　おとさないで

9　その　いけんには　反対です。

1　はんたい　　　2　ほんたい　　　3　はんだい　　　4　ほんだい

もんだい2 ＿＿＿＿ の ことばは どう かきますか。1・2・3・4から
いちばん いい ものを ひとつ えらんで ください。

（れい） ちょっと くちを あけて ください。

　　　1 口　　　　　2 自　　　　　3 目　　　　　4 回

　　（かいとうようし）　（れい）　● ② ③ ④

10 くろい くつしたが ほしいです。

　　1 白い　　　　　2 黒い　　　　　3 赤い　　　　　4 青い

11 なつやすみの けいかくは まだ きまって いません。

　　1 計書　　　　　2 訂画　　　　　3 計画　　　　　4 訂書

12 わたしは いしゃに なりたいです。

　　1 匠員　　　　　2 医員　　　　　3 匠者　　　　　4 医者

13 あしたの よる かぞくと 出かけます。

　　1 夜　　　　　2 昼　　　　　3 夕　　　　　4 朝

14 かさを かして ください。

　　1 貨して　　　　2 資して　　　　3 貸して　　　　4 質して

15 あしたは サッカーの しあいが あります。

　　1 誠会　　　　　2 誠合　　　　　3 試会　　　　　4 試合

もんだい3 （　　　）に なにを いれますか。1・2・3・4から いちばん
いい ものを ひとつ えらんで ください。

（れい）　ざっしが　2（　　　）　あります。

　　　　1　さつ　　　　　　2　まい　　　　　　3　だい　　　　　　4　ひき

　　　（かいとうようし）　　| （れい）| ● | ② | ③ | ④ |

16　さとうさんが　けがを　したと　聞いて、みんな　（　　　）　しました。

　　　1　しんぱい　　　　　2　けいけん　　　　　3　しつれい　　　　　4　おじぎ

17　わたしには、しょうらい　かしゅに　なると　いう　（　　　）　が　あります。

　　　1　けしき　　　　　　2　ゆめ　　　　　　　3　おもいで　　　　　4　せわ

18　リーさんも　こんどの　パーティーに　（　　　）　来て　くださいね。

　　　1　ひじょうに　　　2　ぜひ　　　　　　　3　じゅうぶん　　　　4　いつも

19　これから　きかいの　つかいかたを　（　　　）　しますから、よく　聞いて
　　ください。

　　　1　じゅんび　　　　2　りよう　　　　　　3　せつめい　　　　　4　せいさん

20　はが　わるいので、（　　　）　ものは　食べられません。

　　　1　きびしい　　　　2　かたい　　　　　　3　はやい　　　　　　4　ふかい

21　もりさんを　デートに　（　　　）　が、行けないと　言われました。

　　　1　さそいました　　　　　　　　　　　2　つたえました

　　　3　あんないしました　　　　　　　　　4　しょうかいしました

22　わたしの　むすこは、1年で　5（　　　）くらい　せが　高く　なりました。

　　　1　グラム　　　　　　2　ばん　　　　　　3　けん　　　　　　　4　センチ

23 お店で 3だいの パソコンを （　　　）、いちばん かるい パソコンを
えらびました。

1　かたづけて　　　2　かぞえて　　　3　くらべて　　　4　はらって

24 たなかさんの いえの 電気が ついて いませんね。たなかさんは
（　　　）の ようです。

1　うそ　　　　　2　じゆう　　　　3　ちゅうし　　　4　るす

25 へやの かぎを さがして いますが、まだ （　　　）。

1　見つかりません　　　　　　　2　つかまえません

3　しりません　　　　　　　　　4　さわりません

もんだい4 ＿＿＿の ぶんと だいたい おなじ いみの ぶんが あります。
1・2・3・4から いちばん いい ものを ひとつ えらんで
ください。

（れい）　にねんまえに きょうとへ 行きました。

　　　1　きのう きょうとへ 行きました。

　　　2　おととい きょうとへ 行きました。

　　　3　きょねん きょうとへ 行きました。

　　　4　おととし きょうとへ 行きました。

（かいとうようし）　　（れい）　①　②　③　●

26　おとうとは あの きっさてんで アルバイトを して います。

　　　1　おとうとは あの きっさてんで まって います。

　　　2　おとうとは あの きっさてんで はたらいて います。

　　　3　おとうとは あの きっさてんで コーヒーを 飲んで います。

　　　4　おとうとは あの きっさてんで 友だちと 話して います。

27　わたしは すいえいが すきです。

　　　1　わたしは はしるのが すきです。

　　　2　わたしは およぐのが すきです。

　　　3　わたしは ごはんを 食べるのが すきです。

　　　4　わたしは 本を 読むのが すきです。

28　それを 聞いて びっくりしました。

　　　1　それを 聞いて わらいました。

　　　2　それを 聞いて こまりました。

　　　3　それを 聞いて おこりました。

　　　4　それを 聞いて おどろきました。

29 あの　人は　うつくしいですね。

1　あの　人は　きれいですね。

2　あの　人は　元気ですね。

3　あの　人は　おもしろいですね。

4　あの　人は　わかいですね。

30 この　国は　こめを　ゆにゅうして　います。

1　この　国は　こめを　ほかの　国に　うって　います。

2　この　国は　こめを　ほかの　国から　もらって　います。

3　この　国は　こめを　ほかの　国から　買って　います。

4　この　国は　こめを　ほかの　国に　あげて　います。

もんだい5　つぎの　ことばの　つかいかたで　いちばん　いい　ものを
　　　　　　1・2・3・4から　ひとつ　えらんで　ください。

（れい）　すてる

　　　1　へやを　ぜんぶ　<u>すてて</u>　ください。

　　　2　ひどい　ことを　するのは　<u>すてて</u>　ください。

　　　3　ここに　いらない　ものを　<u>すてて</u>　ください。

　　　4　学校の　本を　かばんに　<u>すてて</u>　ください。

　　　（かいとうようし）　| （れい） | ① | ② | ● | ④ |

31　さいきん

　　1　<u>さいきん</u>　りょうりが　できたので、いっしょに　食べましょう。

　　2　<u>さいきん</u>　しゅくだいを　出して　ください。

　　3　きむらさんは　<u>さいきん</u>　けっこんした　そうです。

　　4　<u>さいきん</u>　電車が　来ますから、いそいで　えきに　行きましょう。

32　おと

　　1　ラジオの　<u>おと</u>が　大きいので、もう　少し　小さく　して　ください。

　　2　日本語の　<u>おと</u>が　じょうずに　なりたいので、毎日　たくさん　話します。

　　3　店の　人に　大きな　<u>おと</u>で　名前を　よばれました。

　　4　すずきさんが　ギターで　ゆうめいな　<u>おと</u>を　ひいて　くれました。

33　けんがく

　　1　かばんが　ほしいので、デパートに　行って　<u>けんがく</u>します。

　　2　わからない　かんじは　じしょで　<u>けんがく</u>して　ください。

　　3　先生や　友だちと　こうじょうを　<u>けんがく</u>しました。

　　4　まいばん　テレビで　ニュースを　<u>けんがく</u>して　います。

34 かざる

1 やまだ先生は テストの おしらせを きょうしつに かざりました。

2 おきゃくさんが 来ますから、へやに 花を かざりましょう。

3 天気が わるいので、せんたくものは うちの 中に かざります。

4 こっちの エアコンは、となりの へやの かべに かざって ください。

35 こうじ

1 はが いたかったので、はいしゃで こうじを して もらいました。

2 この セーターは 古いですが、こうじを して、ずっと きて います。

3 ほんだなが こわれて しまったので、こうじを しました。

4 この みちは こうじを して いるので、とおれません。

N4

言語知識（文法）・読解

（60分）

注　意
Notes

1. 試験が始まるまで、この問題用紙を開けないでください。
   Do not open this question booklet until the test begins.

2. この問題用紙を持って帰ることはできません。
   Do not take this question booklet with you after the test.

3. 受験番号と名前を下の欄に、受験票と同じように書いて
   ください。
   Write your examinee registration number and name clearly in each box below as written on your test voucher.

4. この問題用紙は、全部で15ページあります。
   This question booklet has 15 pages.

5. 問題には解答番号の `1`、`2`、`3` … があります。
   解答は、解答用紙にある同じ番号のところにマークして
   ください。
   One of the row numbers `1`, `2`, `3` … is given for each question. Mark your answer in the same row of the answer sheet.

受験番号　Examinee Registration Number	

名前　Name	

もんだい1 （　　　）に 何を 入れますか。1・2・3・4から いちばん
いい ものを 一つ えらんで ください。

（例） 私は 毎朝 新聞 （　　　） 読みます。

1　が　　　　　2　の　　　　　3　を　　　　　4　で

（解答用紙）　（例）　① ② ● ④

---

1 きのうの しゅくだいは 少なかったので、（　　　） 終わりました。

1　20分　　　　2　20分しか　　　3　20分で　　　4　20分を

2 この ロボットは 人 （　　　） 会話することが できます。

1　や　　　　　2　を　　　　　3　へ　　　　　4　と

3 弟は 小さいとき よく けがを して、両親 （　　　） 心配させました。

1　で　　　　　2　を　　　　　3　の　　　　　4　や

4 ホテルの 朝ご飯の パンが とても おいしかったので、八つ （　　　）
食べました。

1　も　　　　　2　に　　　　　3　が　　　　　4　で

5 この 日本語の じしょは、150年前に 外国人 （　　　） 作られました。

1　から　　　　2　を　　　　　3　について　　　4　によって

6 A市の 運動場は （　　　） 使えますが、予約が ひつようです。

1　だれでも　　2　だれを　　　3　だれに　　　4　だれが

7 前田「リーさん、いつも （　　　） 国の かぞくに れんらくしますか。」
リー「メールを 書くことが 多いです。」

1　どのぐらい　　2　どの　　　　3　どうやって　　4　どういう

文法

8 娘は　先月　高校を　卒業しました。（　　）　大学の　入学式です。

　　1　だんだん　　　2　あまり　　　3　だいたい　　　4　もうすぐ

9 今朝は　駅に　行く　バスが　（　　）　来なかったので、タクシーで
行きました。

　　1　やっと　　　2　なかなか　　　3　きっと　　　4　いつか

10 山下「南さん、あしたか　あさって、カラオケに　行かない？」
　　　南　「あ、いいね。あしたは　都合が　悪いけど、あさって　（　　）
　　　　　だいじょうぶだよ。」

　　1　なのに　　　2　だから　　　3　でも　　　4　なら

11 私は　（　　）　間、スーパーで　アルバイトを　して　いました。

　　1　夏休みに　　　2　夏休みで　　　3　夏休みの　　　4　夏休み

12 先週　庭の　木の　えだを　切りました。ぜんぶ　（　　）　2時間
かかりました。

　　1　切ったり　　　　　　　　　2　切るのに
　　3　切りに　　　　　　　　　　4　切るか　どうか

13 木村「山田さん、あしたの　午後、サッカーの　練習に　行きますか。」
　　　山田「ええ、行きます。でも、午前中に　用事が　あるので、（　　）。」
　　1　遅れないで　ください　　　　　2　遅れないほうが　いいです
　　3　遅れるかもしれません　　　　　4　遅れては　いけません

14　（食堂で）
　　　森　「空いて　いる　席が　ありませんね。」
　　　田中「ええ。あ、でも、あそこの　席が　（　　）　よ。」
　　　森　「本当ですね。空くまで、少し　待ちましょう。」
　　1　空きそうです　　　　　　　　　2　空きました
　　3　空いて　います　　　　　　　　4　空いたようです

15 　（会議室で）

林　「上田さん、会議の　じゅんびは　終わりましたか。てつだいましょうか。」

上田「ありがとうございます。じゃあ、いすが　一つ　足りないので、

　　　となりの　会議室から　（　　　）。」

林　「はい、わかりました。」

1　持って　こなくても　いいですか

2　持って　きて　もらえますか

3　持って　こないと　いけませんか

4　持って　きて　いませんか

もんだい2 ＿★＿に 入る ものは どれですか。1・2・3・4から いちばん いい ものを 一つ えらんで ください。

（問題例）

つくえの ＿＿＿ ＿＿＿ ＿★＿ ＿＿＿ あります。

1　が　　　　2　に　　　　3　上　　　　4　ペン

（答え方）

1. 正しい 文を 作ります。

つくえの ＿＿＿ ＿＿＿ ＿★＿ ＿＿＿ あります。

3　上　2　に　4　ペン　1　が

2. ＿★＿に 入る 番号を 黒く 塗ります。

（解答用紙）　（例）① ② ③ ●

16 先月まで 花屋が あった ＿＿＿ ＿★＿ ＿＿＿ ＿＿＿
おいしいです。

1　できた　　　　　　　2　りんごの ケーキが
3　きっさてんは　　　　4　場所に

17 きのうの 夜 家に 帰ってから、かぎを ＿＿＿ ＿＿＿ ＿★＿ ＿＿＿、
覚えて いません。

1　どこ　　　2　置いた　　　3　に　　　4　か

18 私は ピアノを ＿＿＿ ＿＿＿ ＿★＿ ＿＿＿ 時間が ありません。

1　ひくのが　　　　　　2　ひく
3　最近 いそがしくて　4　好きですが

19 私は　20さいの　たんじょうびに　そふが ＿＿＿＿ ＿＿＿＿ ★ ＿＿＿＿

います。

1　大切に　　　　　2　くれた　　　　　3　使って　　　　　4　カメラを

20 林「来週、野球の　試合を　見に　行こうと　思って　いるんですが、

リーさんも　いっしょに　どうですか。」

リー「えっ、野球の　試合ですか。いいですね。＿＿＿＿ ＿＿＿＿ ★＿＿

＿＿＿＿ です。」

1　ぜひ　行きたい　　　　　　　　2　ことが　ない

3　見に　行った　　　　　　　　　4　ので

もんだい3 　21　 から 　25　 に 何を 入れますか。文章の 意味を
考えて、1・2・3・4から いちばん いい ものを 一つ
えらんで ください。

下の 文章は、留学生の 作文です。

水泳

チン　メイキ

　私の しゅみは 水泳です。毎週 プールで 泳いで います。 　21　 、
半年前までは 泳ぐことが できませんでした。日本に 来る 前に 住んで
いた 所には 海も プールも なかったのです。

　半年前、夏休みに 日本人の ともだちと 海に 行きました。ともだちは
遠くまで 泳いで いきました。けれども、私 　22　 泳げませんでした。
ともだちが かっこよかったので、私も 泳いで みたいと 思いました。

　次の 週から 町の プールで 泳ぐ 練習を 始めました。水泳の 上手な
ともだちに 泳ぎ方を 　23　 。難しかったですが、毎週 ともだちと
練習しました。それで 少しずつ 　24　 。今は 一人で 練習して います。

　泳ぐのは とても 楽しいです。次に 海に 行くまでに たくさん
　25　 。

21

1　それに　　　　2　だから　　　　3　しかし　　　　4　たとえば

22

1　は　　　　　　2　なら　　　　　3　でも　　　　　4　より

23

1　教^{おし}えて　いました　　　　　　2　教^{おし}えて　あげました
3　教^{おし}えて　くれました　　　　　　4　教^{おし}えて　もらいました

24

1　泳^{およ}いで　おきました　　　　　　2　泳^{およ}げるように　なりました
3　泳^{およ}いで　しまいました　　　　　　4　泳^{およ}げることに　なりました

25

1　練習^{れんしゅう}するためです　　　　　　2　練習^{れんしゅう}したようです
3　練習^{れんしゅう}したいです　　　　　　　4　練習^{れんしゅう}するそうです

文法

もんだい４　つぎの⑴から⑷の文章を読んで、質問に答えてください。答えは、
　　　　　　１・２・３・４から、いちばんいいものを一つえらんでください。

⑴

このお知らせが日本語学校の教室にあります。

忘れ物がありました

忘れた人は、先生たちの部屋へ取りに来てください。

① 辞書（103教室にありました）
② 帽子（食堂にありました）

> 12月５日（月）から７日（水）までは、試験中ですから、
> 先生たちの部屋には入れません。教室でクラスの先生に
> 言ってください。

2016年12月１日（木）　大西日本語学校

---

26 試験中の３日間に忘れ物を取りに行きたい人は、どうしなければなりませんか。

1　試験が終わるまで待ちます。
2　先生たちの部屋へ取りに行きます。
3　忘れ物があった場所へ取りに行きます。
4　教室で、自分のクラスの先生に話します。

(2)

　アイスクリームは、夏に食べるととてもおいしいですが、私は寒い冬でも時々
食べます。夏は毎日食べるので安いものしか買いませんが、冬は高いものを
買います。暖かい部屋でいいアイスクリームを食べるのが、私の楽しみなのです。

27　私の楽しみは何ですか。

1　冬に暖かい部屋で毎日アイスクリームを食べること

2　冬に暖かい部屋で高いアイスクリームを食べること

3　夏に毎日アイスクリームを食べること

4　夏に高いアイスクリームを食べること

読解

(3)

（日本語学校で）

高田先生の机の上に、このメモがあります。

高田先生

　みそ工場の林さんから電話がありました。

　1月に工場見学ができるのは、19日（木）10時、11時と26日（木）14時、15時だそうです。

　見学の日と時間が決まったら、電話がほしいと言っていました。行く人の数も教えてもらいたいそうです。

12月1日 10:20 ヒマル

---

28 このメモを読んで、高田先生は林さんに何を知らせなければなりませんか。

1 工場見学に行く人の数だけ

2 工場見学に行く日と時間だけ

3 工場見学に行く日と時間と、行く人の数

4 工場見学に行く日と時間が、いつごろ決まるか

(4)

　昨日初めて黒い消しゴムを買いました。レジの人が「白いのは、使うと消しゴムが黒く汚れて嫌だと言う人が多いから、黒いのを作ったそうですよ。」と教えてくれました。私は色がかっこいいから買ったので、理由を聞いて面白いなと思いました。

29 　「私」はどうして黒い消しゴムを買いましたか。
　1　黒い消しゴムは、使った後で消しゴムが黒く汚れないから
　2　黒い消しゴムを買う人が多いと店の人に聞いたから
　3　黒い消しゴムのほうが字をきれいに消せるから
　4　黒い消しゴムは、色がかっこいいと思ったから

読解

もんだい5　つぎの文章を読んで、質問に答えてください。答えは、
　　　　　1・2・3・4から、いちばんいいものを一つえらんでください。

これはケイティさんが書いた作文です。

東京駅で会った人

ケイティ・ワン

　　先週、私は友達の家に遊びに行きました。行くときに、東京駅で電車を
乗り換えなければならなかったのですが、東京駅は広すぎて、乗り換える
電車の場所がわかりませんでした。それで、メモを持って駅の中を
行ったり来たりしていました。

　　「どうしよう。」と思って困っていたとき、山田さんという女の人が
　①
声をかけてくれました。山田さんは駅の中にある喫茶店でお茶を
飲みながら、私が行ったり来たりしているのを見ていたそうです。
「どうしたんですか。」と聞かれたので、「電車の場所がわからないんです。」
と答えました。山田さんは私が乗る電車のところまで一緒に行って
くれました。

　　山田さんは仕事で東京に来ていて、今から京都に帰ると言いました。
私は「時間は大丈夫ですか。」と聞きました。山田さんは「京都に行く
新幹線はたくさんあるから、次のでも大丈夫です。私も、外国に住んで
いたとき、いろいろな人に親切にしてもらいましたから。」と言いました。
私は「本当にありがとうございます。」とお礼を言いました。
　②
　　電車に乗って、一人になった私は、山田さんの言葉を思い出して、心が
温かくなりました。そして、私も山田さんみたいに（　　　）と
思いました。

30 なぜ①「どうしよう。」と思いましたか。

1 友達が見つからないから

2 間違えて東京駅で電車を降りてしまったから

3 乗りたい電車の場所がわからないから

4 知らない女の人に声をかけられたから

31 なぜ山田さんは「私」に声をかけましたか。

1 「私」が行ったり来たりしているのを見たから

2 「私」と一緒にお茶を飲みたいと思ったから

3 「私」を山田さんの友達と間違えたから

4 「私」が落としたメモを拾ったから

32 なぜ②お礼を言いましたか。

1 山田さんが、京都に行く新幹線がたくさんあると「私」に教えてくれたから

2 山田さんが、帰りが遅くなるかもしれないのに、「私」を案内してくれたから

3 山田さんが、「私」が乗る予定の電車の時間のことを心配してくれたから

4 山田さんが、「私」の国のいろいろな人に親切にしてくれたと聞いたから

33 （　　　　）に入れるのに、いちばんいい文はどれですか。

1 仕事を頑張ろう

2 外国に住んでみたい

3 困っている人に親切にしよう

4 東京駅のことをよく知りたい

もんだい6　右のページのお知らせを見て、下の質問に答えてください。答えは、
　　　　　　1・2・3・4から、いちばんいいものを一つえらんでください。

34　ハメスさんとマリアさんは、「春を楽しもう」に行きたいと思っています。
　　4月に行われるもので、お店の中で音楽を聞きながら、お昼に食事ができる
　　ものがいいです。ハメスさんたちが選べるのは、どれですか。

　　1　②

　　2　③

　　3　⑤

　　4　⑥

35　ジーナさんは、「春を楽しもう」に行こうと思っています。土曜日に行きたい
　　ですが、集まる時間が13時より早いものには行けません。料金は1,000円以下が
　　いいです。ジーナさんが選べるのは、どれですか。

　　1　②と③

　　2　②と③と④

　　3　②と③と⑤

　　4　③と⑤

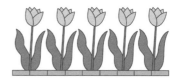

青野市ニュース

「春 を 楽 し も う」

青野市では、毎月、食事会や音楽会などを
開いています。

3月と4月の予定

名前（料金）	月・日	場所・時間	集まる時間
① 食事会（500円） 青野市の有名な料理を一緒に作って、食べます。	3/5 （日）	花村小学校 11時～14時	11時
② 音楽会（800円） お茶とお菓子を楽しみながら、音楽を聞きます。	3/11 （土）	さくら寺 14時～16時	13時50分
③ 音楽会（950円） ピアノやバイオリンのコンサートです。	4/8 （土）	市民体育館 17時～19時	16時50分
④ バス旅行（800円） バスで東川海岸に行って、海を見ながらお弁当を食べます。	4/15 （土）	東川海岸 8時～14時	市民体育館に 8時
⑤ お祭り（お金はかかりません） 毎年行われているお祭りです。歌や踊りを楽しみましょう。	4/23 （日）	東公園 17時～21時	17時より後の 好きなとき
⑥ 音楽会（1,200円） レストランで食事をしながら、ピアノを楽しみましょう。	4/29 （土）	レストラン 「黒川」 12時～14時	11時50分

青野市「春を楽しもう」係　電話：（0410）28-1002　Eメール：tanoshimo@aono.jp

N4

聴解

（35分）

注　意
Notes

1. 試験が始まるまで、この問題用紙を開けないでください。
   Do not open this question booklet until the test begins.

2. この問題用紙を持って帰ることはできません。
   Do not take this question booklet with you after the test.

3. 受験番号と名前を下の欄に、受験票と同じように書いて
   ください。
   Write your examinee registration number and name clearly in each box below as written on your test voucher.

4. この問題用紙は、全部で16ページあります。
   This question booklet has 16 pages.

5. この問題用紙にメモをとってもいいです。
   You may make notes in this question booklet.

受験番号　Examinee Registration Number	

名前　Name	

もんだい１

　もんだい１では、まず　しつもんを　聞いて　ください。それから　話を
聞いて、もんだいようしの　１から４の　中から、いちばん　いい　ものを　一つ
えらんで　ください。

れい

1　ぎゅうにゅう　１本だけ

2　ぎゅうにゅう　１本と　チーズ

3　ぎゅうにゅう　２本だけ

4　ぎゅうにゅう　２本と　チーズ

聴
解

1ばん

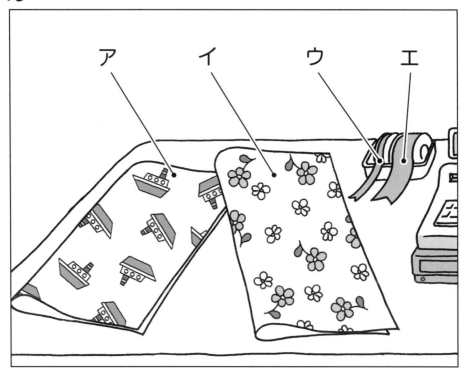

1 ア ウ
2 ア エ
3 イ ウ
4 イ エ

2ばん

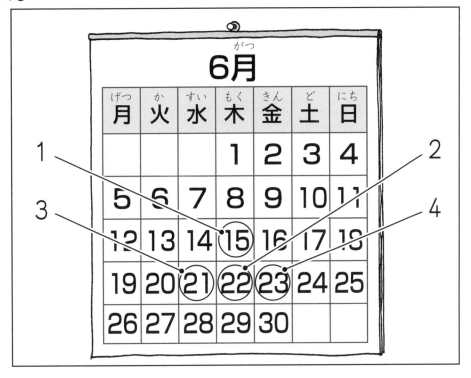

3ばん

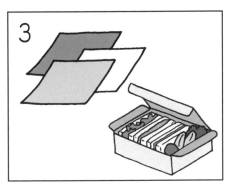

4ばん

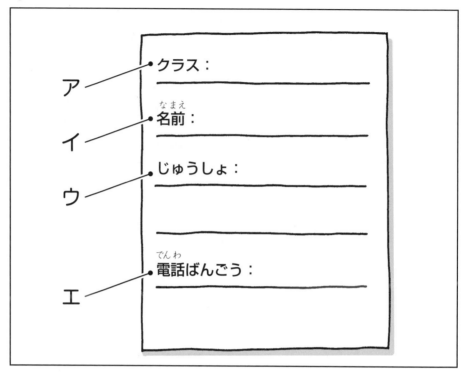

1　アイウエ

2　アイウ

3　イウエ

4　イウ

5ばん

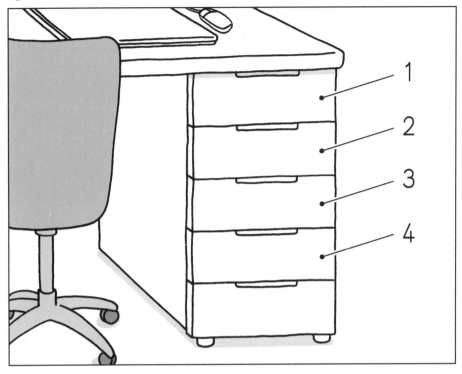

6ばん

7ばん

1 えき前の　ほんや

2 大学の　中の　ほんや

3 じむしょ

4 しょくどうの　前

8ばん

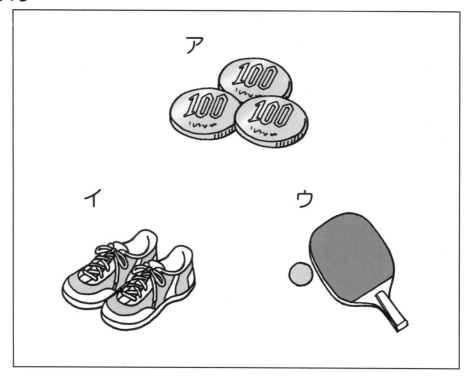

1 アイ

2 アウ

3 イウ

4 イ

もんだい 2

　もんだい 2 では、まず　しつもんを　聞いて　ください。そのあと、もんだいようしを　見て　ください。読む　時間が　あります。それから　話を聞いて、もんだいようしの　1 から 4 の　中から、いちばん　いい　ものを　一つえらんで　ください。

れい

1　へやが　せまいから

2　ばしょが　ふべんだから

3　たてものが　古いから

4　きんじょに　友だちが　いないから

1ばん

1 うみの　ちかくで　しょくじした
2 山に　のぼった
3 うみで　およいだ
4 かいがんを　さんぽした

2ばん

1 ジュース
2 アイスクリーム
3 キャンディー
4 クッキー

3 ばん

1 山本さんが　きょうしつに　いるとき
2 山本さんが　きょうしつを　出たとき
3 山本さんが　としょかんに　いるとき
4 山本さんが　としょかんを　出たとき

4 ばん

1 あく　時間が　はやく　なる
2 しまる　時間が　おそく　なる
3 中学生いかは　ただに　なる
4 チケットが　安く　なる

5 ばん

1 いろいろな ばしょに おいて あること

2 うって いる ものの しゅるいが 多^{おお}いこと

3 ことばを 話^{はな}すこと

4 お金^{かね}が ぬすまれないこと

6 ばん

1 5時^じから 5時半^{じ はん}まで

2 5時^じから 6時^じまで

3 5時半^{じ はん}から 6時^じまで

4 5時半^{じ はん}から 6時半^{じ はん}まで

7ばん

1 食べものの 店が たくさん あるから

2 まつりが あって にぎやかだから

3 ふねの 上で さくらが 見られるから

4 会社から あるいて 行けるから

もんだい3

もんだい3では、えを 見ながら しつもんを 聞いて ください。

➡ （やじるし）の 人は 何と 言いますか。1から3の 中から、いちばん
いい ものを 一つ えらんで ください。

れい

1ばん

2ばん

3ばん

4ばん

5ばん

もんだい４

　もんだい４では、えなどが　ありません。まず　ぶんを　聞いて　ください。

それから、そのへんじを　聞いて、１から３の　中から、いちばん　いい　ものを

一つ　えらんで　ください。

－ メモ －

にほんごのうりょくしけん　かいとうようし

N4 げんごちしき (もじ・ごい)

じゅけんばんごう
Examinee Registration
Number

なまえ
Name

〈ちゅうい Notes〉
1. くろいえんぴつ (HB、No.2) でかいてください。
   Use a black medium soft (HB or No.2) pencil.
   (ペンやボールペンではかかないでください。)
   (Do not use any kind of pen.)
2. かきなおすときは、けしゴムできれいにけして
   ください。
   Erase any unintended marks completely.
3. きたなくしたり、おったりしないでください。
   Do not soil or bend this sheet.
4. マークれい Marking Examples

よいれい Correct Example	わるいれい Incorrect Examples
●	⊗ ◯ ◑ ⊘ ◒ ◍

もんだい1

	1	2	3	4
1	①	②	③	④
2	①	②	③	④
3	①	②	③	④
4	①	②	③	④
5	①	②	③	④
6	①	②	③	④
7	①	②	③	④
8	①	②	③	④
9	①	②	③	④

もんだい2

	1	2	3	4
10	①	②	③	④
11	①	②	③	④
12	①	②	③	④
13	①	②	③	④
14	①	②	③	④
15	①	②	③	④

もんだい3

	1	2	3	4
16	①	②	③	④
17	①	②	③	④
18	①	②	③	④
19	①	②	③	④
20	①	②	③	④
21	①	②	③	④
22	①	②	③	④
23	①	②	③	④
24	①	②	③	④
25	①	②	③	④

もんだい4

	1	2	3	4
26	①	②	③	④
27	①	②	③	④
28	①	②	③	④
29	①	②	③	④
30	①	②	③	④

もんだい5

	1	2	3	4
31	①	②	③	④
32	①	②	③	④
33	①	②	③	④
34	①	②	③	④
35	①	②	③	④

にほんごのうりょくしけん かいとうようし

N4 げんごちしき (ぶんぽう)・どっかい

| じゅけんばんごう Examinee Registration Number | | なまえ Name | |

〈ちゅうい Notes〉
1. くろいえんぴつ (HB、No.2) でかいてください。
   Use a black medium soft (HB or No.2) pencil.
   (ペンやボールペンではかかないでください。)
   (Do not use any kind of pen.)
2. かきなおすときは、けしゴムできれいにけしてください。
   Erase any unintended marks completely.
3. きたなくしたり、おったりしないでください。
   Do not soil or bend this sheet.
4. マークれい Marking Examples

よいれい Correct Example	わるいれい Incorrect Examples
●	⊘ ⊖ ⊕ ⊗ ◉ ○

もんだい 1

1	①	②	③	④
2	①	②	③	④
3	①	②	③	④
4	①	②	③	④
5	①	②	③	④
6	①	②	③	④
7	①	②	③	④
8	①	②	③	④
9	①	②	③	④
10	①	②	③	④
11	①	②	③	④
12	①	②	③	④
13	①	②	③	④
14	①	②	③	④
15	①	②	③	④

もんだい 2

16	①	②	③	④
17	①	②	③	④
18	①	②	③	④
19	①	②	③	④
20	①	②	③	④

もんだい 3

21	①	②	③	④
22	①	②	③	④
23	①	②	③	④
24	①	②	③	④
25	①	②	③	④

もんだい 4

26	①	②	③	④
27	①	②	③	④
28	①	②	③	④
29	①	②	③	④

もんだい 5

30	①	②	③	④
31	①	②	③	④
32	①	②	③	④
33	①	②	③	④

もんだい 6

34	①	②	③	④
35	①	②	③	④

にほんごのうりょくしけん かいとうようし

N4 ちょうかい

じゅけんばんごう
Examinee Registration
Number

なまえ
Name

〈ちゅうい Notes〉
1. くろいえんぴつ (HB、No.2) でかいてください。
Use a black medium soft (HB or No.2) pencil.
(ペンやボールペンではかかないでください。)
(Do not use any kind of pen.)
2. かきなおすときは、けしゴムできれいにけして
ください。
Erase any unintended marks completely.
3. きたなくしたり、おったりしないでください。
Do not soil or bend this sheet.
4. マークれい Marking Examples

よいれい Correct Example	わるいれい Incorrect Examples
●	⊗ ◯ ◯ ◯ ◑ ◐ ⊙

もんだい 1

れい	①	②	③	●
1	①	②	③	④
2	①	②	③	④
3	①	②	③	④
4	①	②	③	④
5	①	②	③	④
6	①	②	③	④
7	①	②	③	④
8	①	②	③	④

もんだい 2

れい	①	●	③	④
1	①	②	③	④
2	①	②	③	④
3	①	②	③	④
4	①	②	③	④
5	①	②	③	④
6	①	②	③	④
7	①	②	③	④

もんだい 3

れい	①	●	③
1	①	②	③
2	①	②	③
3	①	②	③
4	①	②	③
5	①	②	③

もんだい 4

れい	①	●	③
1	①	②	③
2	①	②	③
3	①	②	③
4	①	②	③
5	①	②	③
6	①	②	③
7	①	②	③
8	①	②	③

2

正答表と聴解スクリプト
せいとうひょう　ちょうかい

せいとうひょう
正答表

●言語知識（文字・語彙）

問題1

1	2	3	4	5	6	7	8	9
3	4	1	2	4	3	4	2	1

問題2

10	11	12	13	14	15
2	3	4	1	3	4

問題3

16	17	18	19	20	21	22	23	24	25
1	2	2	3	2	1	4	3	4	1

問題4

26	27	28	29	30
2	2	4	1	3

問題5

31	32	33	34	35
3	1	3	2	4

●言語知識（文法）・読解

問題1

1	2	3	4	5	6	7	8	9	10
3	4	2	1	4	1	3	4	2	4

11	12	13	14	15
3	2	3	1	2

問題2

16	17	18	19	20
1	2	3	1	4

問題3

21	22	23	24	25
3	1	4	2	3

問題 4

26	27	28	29
4	2	3	4

問題 5

30	31	32	33
3	1	2	3

問題 6

34	35
4	1

● 聴解

問題 1

例	1	2	3	4	5	6	7	8
4	1	3	2	4	3	3	3	1

問題 2

例	1	2	3	4	5	6	7
3	1	2	4	2	2	4	3

問題 3

例	1	2	3	4	5
3	2	2	1	3	2

問題 4

例	1	2	3	4	5	6	7	8
3	1	3	3	1	2	3	2	1

ちょうかい 聴解スクリプト

（M：男性　F：女性）

問題1

例
男の人が女の人に電話をしています。男の人は何を買って帰りますか。

M：これから帰るけど、何か買って帰ろうか。

F：あ、ありがとう。えっとね、牛乳。それから。

M：ちょっと待って、牛乳は1本でいいの？

F：えっと、2本お願い。それから、チーズ。

M：あれ、チーズはまだたくさんあったよね。

F：ごめん、今日のお昼に全部食べたの。

M：分かった。じゃ、買って帰るね。

男の人は何を買って帰りますか。

1番
本屋で店の人と女の人が話しています。店の人は何を使って絵本を包みますか。

M：いらっしゃいませ。

F：この絵本を下さい。贈り物なので、きれいに包んでくれませんか。

M：はい。包む紙は2種類あります。こちらの船の絵と花の絵とどちらがいいでしょうか。

F：船の絵がいいです。リボンもつけてください。

M：はい。細いのと太いのがありますが、どちらにしますか。

F：そうですね。細いのにします。

M：分かりました。では、少しお待ちください。

店の人は何を使って絵本を包みますか。

2番

先生の部屋で男の学生と先生が話しています。男の学生はいつまでに本を返さなければなりませんか。

M：先生、この本を借りてもいいですか。

F：いいですよ。

M：いつまでに返さなければなりませんか。

F：ええと、今日は七日ですね。再来週の金曜日、えっと、23日に授業で使いたいですから、授業の前の日までに返してください。

M：はい。木曜日ですね。

F：あ、すみません、その前の日までにお願いします。再来週の木曜日は、学校に来ません。

M：はい。分かりました。

男の学生はいつまでに本を返さなければなりませんか。

3番

日本語学校で先生が話しています。留学生は小学校に何を持っていかなければなりませんか。

M：えー、来週、みなみ小学校へ行って、折り紙を子供たちに習いますね。皆さんは、自分の国について写真を見せながら話しますね。写真を忘れないようにしてください。あ、折り紙は小学校にあるものを使います。それから、小学校の建物に入るときには、靴を脱がなければなりませんから、スリッパを持っていってください。お昼ごはんは必要ありません。小学校が準備してくれます。

留学生は小学校に何を持っていかなければなりませんか。

4番

日本語学校で事務所の人と男の学生が話しています。男の学生は何を書きますか。

F：キムさん、こんにちは。どうしましたか。

M：あの、先週引っ越しをしたんですが。

F：そうですか。じゃ、この紙に名前と新しい住所と電話番号を書いてください。

M：はい。あのう、電話番号も書かなければなりませんか。変わったのは住所だけです。

F：じゃ、電話番号はいいです。それから、クラスは、来週新しいクラスに変わりますから、書かないでください。

M：はい。

男の学生は何を書きますか。

5番

会社で女の人と男の人が電話で話しています。女の人はどこから資料を持っていきますか。

F：はい、鈴木です。

M：あ、もしもし。木村だけど、ごめん、急いで会議室まで資料を持ってきてもらえる？

F：はい。

M：僕の机の引き出しに入っているんだ。

F：はい。

M：ええと、多分、引き出しの下から2番目に入っていると思う。茶色い封筒に入っているからすぐ分かると思うよ。

F：はい、分かりました。下から2番目ですね。

M：あ、ごめん。そのもう一つ上だ。

F：はい、急いで持っていきます。

女の人はどこから資料を持っていきますか。

6番

コンビニで男の店員と女の店員が話しています。女の店員はこれから何をしなければなりませんか。

M：田中さん、ごくろうさま。田中さんの仕事は3時までだから、そろそろ終わりだね。店の中の掃除は終わった？

F：はい。

M：店の前は昼に掃除したからまだきれいだね。じゃ、最後にごみ箱のごみを店の裏に持っていって。ごみを置いておくところは分かる？

F：はい。あのう、すみません、まだ、窓の掃除が終わっていないんです。

M：それは、僕がやるからいいよ。じゃ、今頼んだことをやってから帰ってね。

F：はい。

女の店員はこれから何をしなければなりませんか。

7番

大学で先生が話しています。このクラスの留学生はどこでテキストを買いますか。

M：この授業では「日本語1」というテキストを使います。駅前の本屋や大学の中の本屋などには売っていませんから、私が皆さんのテキストを頼んでおきます。来週の授業の前に、事務所でお金を払って、テキストをもらってください。今、食堂の前でも日本語のテキストを売っていますけれど、この授業で使うものはありません。似ている名前のテキストがありますから、間違えないようにしてください。

このクラスの留学生はどこでテキストを買いますか。

8番

町の体育館で男の人と受付の人が話しています。男の人は、来週の日曜日体育館に何を持ってこなければなりませんか。

M：すみません。来週の日曜日、体育館で卓球がしたいんですが。

F：はい。卓球は、一人2時間、300円ですが、何時間しますか。

M：2時間です。

F：では、こちらに名前と、利用時間のところに2時間と書いてください。

M：あのう、お金は今日払いますか。

F：あ、利用するとき、お願いします。

M：はい。

F：それから、卓球をするとき、体育館で履く靴が必要です。卓球の道具はこちらにありますので、自由に使ってください。

M：はい。ありがとうございます。

男の人は、来週の日曜日体育館に何を持ってこなければなりませんか。

問題2

例
女の人と男の人が話しています。女の人は、どうして引っ越しをしますか。

F：来週の日曜日、引っ越しを手伝ってくれない？

M：いいけど、また引っ越すんだね。部屋が狭いの？

F：ううん。部屋の大きさも場所も問題ないんだけど、建物が古くて嫌なんだ。最近、近所の人と友達になったから、残念なんだけど。

M：そうなんだ。

女の人は、どうして引っ越しをしますか。

1番
男の人と女の人が話しています。女の人は、昨日友達と一緒に何をしたと言っていますか。

M：昨日はいい天気でしたね。どこかに出掛けましたか。

F：ええ、友達と海の近くの店に行って、食事をしました。学生のとき、よく一緒に山に登っていた友達なんですが、久しぶりに会ったんです。

M：じゃ、話すことがたくさんあったでしょう。

F：ええ。今度また二人で山に登ることにしました。

M：そうですか。昨日は暑かったから、海で泳いだんですか。

F：いえ。泳いだり、海岸を散歩したりしたかったんですけど、友達に用事ができてしまって、食事のあと、すぐに帰りました。残念です。

女の人は、昨日友達と一緒に何をしたと言っていますか。

2番

教室で先生が学生に話しています。学生は、工場で何を作っているときに、見学をしますか。

M: 来週はクラスで工場の見学に行きます。ジュースで有名な会社の工場ですが、アイスクリームやキャンディー、それからクッキーも作っているんですよ。本当はジュースを作るときに、見学したかったんですが、来週はジュースは作られていないそうなので、皆さんはアイスクリームを見ることになりました。見学のあと、クッキーのお土産がもらえるそうです。

学生は、工場で何を作っているときに、見学をしますか。

3番

授業のあとで、男の学生と女の学生が廊下で話しています。男の学生は、いつ山本さんに手紙を渡しますか。

M: 森さん、この手紙を山本さんに渡してくれない?

F: え、何?

M: あのう、僕、山本さんのことが好きで、僕の気持ちを手紙に書いたんだけど、なかなか渡せないんだ。朝、教室で渡そうと思ったんだけど、恥ずかしくてだめで、今、山本さんが教室を出たときもやっぱり渡せなかったんだ。

F: 自分で渡したほうがいいよ。山本さんなら授業のあと、いつも30分ぐらい図書館にいるよ。

M: 図書館は人が多いから、恥ずかしいよ。

F: じゃ、出てきたときはどう?

M: うーん。

F: がんばって。

M: うん、行ってみる。外で待って、自分で渡すよ。

男の学生は、いつ山本さんに手紙を渡しますか。

4番

ラジオを聞いています。さくら動物園はオープンの日にどうなりますか。オープンの日です。

F：今月二十日金曜日に、さくら公園の隣にさくら動物園がオープンします。動物園は毎日10
　　時から夕方5時までですが、オープンの日は午後8時まで開いているそうです。お仕事のあ
　　とにお子さんと一緒にいかがでしょうか。休みは毎週木曜です。チケットは600円で、中
　　学生は500円、小学生以下のお子さんはただです。毎月初めの土曜日には、チケットが安
　　くなって、300円で入れます。ぜひ、行ってみてください。

さくら動物園はオープンの日にどうなりますか。

5番

女の留学生と男の留学生が話しています。女の留学生は、日本の自動販売機について、どん
なことに驚いたと言っていますか。女の留学生です。

F：ねえ、日本に来て、日本の自動販売機に驚かなかった？
M：驚いた。公園、病院、海、どこに行ってもあるから、すごいよ。
F：私が驚いたのは種類だよ。私の国では、売っているのは飲み物がほとんどだよ。
M：日本ではバナナや花、服も見たことがある。
F：うん。
M：言葉を話す自動販売機もあって、東京では東京の言葉を、大阪では大阪の言葉を話すんだよ。
F：店員みたいだね。日本では外に置いてあっても、中のお金が盗まれたりしないから、自動販
　　売機がたくさんあるのかもしれないね。

女の留学生は、日本の自動販売機について、どんなことに驚いたと言っていますか。

6番

スーパーで客と店の人が話しています。卵が安くなる時間は、何時から何時までですか。

F：すみません、こちらのお店のホームページに、今日は「卵が安い」と書いてあったんですが、
　　売り場はどこですか。

M：あそこですが、すみません、お客様。卵が安くなるサービスは、夕方の1時間だけなんです。

F：えっ、何時からですか。もう終わってしまいましたか。

M：いえ、まだです。今、ちょうど5時ですから、始まるまで30分あります。

F：分かりました。

卵が安くなる時間は、何時から何時までですか。

7番

会社で女の人と男の人が花見の場所について話しています。男の人は、どうして東公園がいい
と言っていますか。

F：土曜日、仕事の帰りに花見に行かない？

M：いいね。

F：どこがいい？

M：東公園がいいよ。桜は東公園と北公園が有名だけど、北公園は毎年すごく込むんだよ。公
　　園の中に食べ物の店がたくさん出ていて、歩いていても、なかなか前に進めないんだ。

F：お祭りみたいで、にぎやかで楽しそうだけど、ちょっと疲れるね。

M：東公園も人は多いんだけど、池があって、舟に乗って桜が見られるから楽しいよ。

F：面白そう。東公園は会社からは歩いて行ける？

M：えっと、歩くのは無理だけど、バスなら15分で着くよ。

F：じゃ、東公園に行こう。

男の人は、どうして東公園がいいと言っていますか。

問題3

例
レストランでお店の人を呼びます。何と言いますか。

F：1．いらっしゃいませ。
　　2．失礼しました。
　　3．すみません。

1番
友達がかわいいネックレスをしています。買った店が知りたいです。何と言いますか。

F：1．どの店で買うつもりですか。
　　2．それはどこで買ったんですか。
　　3．買ったかどうか教えてください。

2番
机の下に自分の消しゴムが落ちました。友達に取ってもらいたいです。何と言いますか。

M：1．あ、消しゴムを取ってあげようか。
　　2．ごめん、消しゴムを拾ってくれる？
　　3．ねえ、消しゴムが落ちたそうだよ。

3番
エレベーターの中です。ほかの人が降りたあとで降ります。何と言いますか。

M：1．どうぞお先に。
　　2．前へ行きます。
　　3．あとでお願いします。

4番

友達がかばんを閉めるのを忘れています。何と言いますか。

F : 1. かばんを開けておいてね。
  2. かばんが閉まったままだよ。
  3. かばんが開いているよ。

5番

読み方が知りたいです。何と言いますか。

M : 1. どうやって書いたんですか。
  2. 何と書いてあるんですか。
  3. 何を書いておきましょうか。

問題4

例

F : ジュース買いに行きますけど、何か買ってきましょうか。

M : 1. ええ、いいですよ。
  2. そうですか。おいしそうですね。
  3. あ、コーヒー、お願いします。

1番

M：よかったら、お茶をもう一杯いかがですか。

F : 1. すみません。いただきます。
  2. もう一杯どうぞ。
  3. いえ、どういたしまして。

2番

M：山本さん、忙しそうだけど、今ちょっと話せる？

F：1．話していませんよ。
　　2．あ、今は、手伝えないんですね。
　　3．はい。何ですか。

3番

M：リンさん、もうすぐ森さんの誕生日だね。プレゼントは、何にしようか。

F：1．それがいいね。
　　2．プレゼントをあげようよ。
　　3．んー、Tシャツはどう？

4番

F：あ、その資料、あとで使うから、まだ片付けなくてもいいですよ。

M：1．じゃ、ここに置いておきます。
　　2．いえ、僕はもう使いませんよ。
　　3．すぐ片付けましょうか。

5番

F：先輩、あの、大学の授業の選び方について教えてもらえませんか。

M：1．それは、あげられないよ。
　　2．うん、何でも聞いて。
　　3．ぜひ、お願いするよ。

6番

F：あ、山田さん。けがはもうよくなりましたか。

M：1．あまりしませんでした。
　　2．それはよかったです。
　　3．すっかり治りました。

7番

M：リーさん、大学を卒業したら、どうするか決まりましたか。

F：1．卒業できることになりました。
　　2．国に帰って、貿易の仕事をします。
　　3．銀行で働いたことがあります。

8番

F：ねえ、ここにあった会議の資料を知らない？

M：1．え、ないんですか。
　　2．じゃ、教えてください。
　　3．分かりませんでした。

3

日本語能力試験の概要

にほんご のうりょく しけん　がいよう

① 日本語能力試験について
にほんごのうりょくしけん

日本語能力試験は、日本語を母語としない人の日本語能力を測定し認定する試験として、国際交流基金と日本国際教育支援協会が 1984 年に開始しました。

試験は日本国内そして世界各地で、1 年に 2 回、一斉に実施しています。2017 年は、日本では 47 都道府県で、海外では 80 の国・地域の 239 都市で実施しました。

日本語能力試験の実施都市（2017 年）

日本 47 都道府県
韓国 24 都市

世界 81 の国・地域
286 都市

文化庁の「平成 29 年度国内の日本語教育の概要」によると、国内の日本語学習者数は過去最高の約 23 万 9 千人になりました。また、国際交流基金の「2015 年度海外日本語教育機関調査」によると、海外の日本語学習者数は同年に 365 万人となっています。

日本語能力試験は、世界最大規模の日本語の試験で、2017 年には国内約 33 万人、海外約 69 万人、合計で約 102 万人が応募しました。

日本語能力試験の応募者数と実施都市数（国内、海外合計）

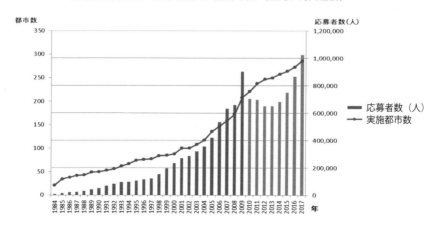

都市数

応募者数（人）

応募者数（人）
実施都市数

② 日本語能力試験の特徴

ポイント1　課題遂行のための言語コミュニケーション能力を測ります

　日本語能力試験では、①日本語の文字や語彙、文法についてどのくらい知っているか、ということだけでなく、②その知識を利用してコミュニケーション上の課題を遂行できるか、ということも大切だと考えています。私たちが生活の中で行っている様々な「課題」のうち、言語を必要とするものを遂行するためには、言語知識だけでなく、それを実際に利用する力も必要だからです。そこで、この試験では、①を測るための「言語知識」、②を測るための「読解」、「聴解」という3つの要素により、総合的に日本語のコミュニケーション能力を測っています。

　大規模試験のため、解答は選択枝※1によるマークシート方式で行います。話したり書いたりする能力を直接測る試験科目はありません。

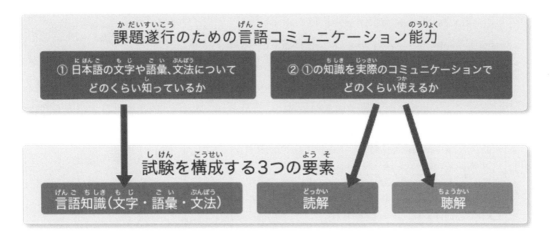

ポイント2　5段階のレベルから、自分に合ったレベルが選べます

　日本語能力試験には、5段階 (N1、N2、N3、N4、N5) のレベルがあります。できるだけきめ細かく日本語能力を測るために、試験問題はレベルごとに作られています。

　N4とN5では、主に教室内で学ぶ基本的な日本語がどのくらい理解できているかを測ります。N1とN2では、現実の生活の幅広い場面で使われる日本語がどのくらい理解できるかを測ります。N3は、N4、N5からN1、N2への橋渡しのレベルです。

　各レベルの詳しい説明は、「④ 認定の目安」を見てください。

※1　本書では、日本テスト学会での使用例にしたがって、「選択肢」ではなく「選択枝」という用語を使っています。

ポイント3　尺度得点で日本語能力をより正確に測ります

　異なる時期に実施される試験では、どんなに慎重に問題を作成しても、試験の難易度が毎回多少変動します。そのため、試験の得点を「素点」（何問正解したかを計算する得点）で出すと、試験が難しかったときと易しかったときとでは、同じ能力でも違う得点になることがあります。そこで、日本語能力試験の得点は、素点ではなく、「尺度得点」を導入しています。尺度得点は「等化」という方法を用いた、いつも同じ尺度（ものさし）で測れるような得点です。

　尺度得点を利用することで、試験を受けたときの日本語能力をより正確に、公平に、得点に表すことができます。

ポイント4　「日本語能力試験 Can-do 自己評価リスト」を提供しています

試験の得点や合否判定だけでは、実際の生活で日本語を使って具体的に何ができるのかがわかりません。そこで、日本語能力試験では、試験の結果を解釈するための参考情報として「日本語能力試験 Can-do 自己評価リスト」を提供しています。

日本語能力試験Can-do自己評価リスト（JLPT Can-do）「聞く」

　このリストは、「日本語能力試験の各レベルの合格者が、日本語でどんなことができると考えているか」を、受験者の自己評価調査の結果に基づいてまとめたものです。
　日本語能力試験のシラバス（出題内容）ではありません。また、合格者の日本語能力を保証するものではありません。日本語能力試験が測る日本語能力や出題内容については、「認定の目安」等を参照してください。
　このリストは、受験者やまわりの方々が「このレベルの合格者は日本語を使ってどんなことができそうか」というイメージを作るための参考情報としてご活用いただくことができます。

難 ↑

		N1	N2	N3	N4	N5
1	政治や経済などについてのテレビのニュースを見て、要点が理解できる。					
2	最近メディアで話題になっていることについての会話で、だいたいの内容が理解できる。					
3	フォーマルな場（例：歓迎会）でのスピーチを聞いて、だいたいの内容が理解できる。					
4	思いがけない出来事（例：事故など）についてのアナウンスを聞いてだいたい理解できる。					
5	仕事や専門に関する問い合わせを聞いて、内容が理解できる。					
6	関心あるテーマの講義や講演を聞いて、だいたいの内容が理解できる。					
7	学校や職場の会議で、話の流れが理解できる。					
8	関心あるテーマの議論や討論で、だいたいの内容が理解できる。					
9	身近で日常的な内容のテレビ番組（例：料理、旅行）を見て、だいたいの内容が理解できる。					
10	身近で日常的な話題（例：旅行の計画、パーティーの準備）についての話し合いで、話の流れが理解できる。					

　2010年と2011年の日本語能力試験の受験者、約65,000人に対して、「日本語でどんなことができると考えているか」についてのアンケート調査を行いました。そして、その結果を統計的に分析して、リストを作成しました。

　このリストは、受験者やまわりの方々が「このレベルの合格者は日本語を使ってどんなことができそうか」というイメージを作るための参考情報としてご活用いただくことができます。

　「日本語能力試験 Can-do 自己評価リスト」について、詳しくは日本語能力試験公式ウェブサイト<www.jlpt.jp> を見てください。

③ 日本語能力試験のメリット

日本語能力試験の認定には、学校での単位・卒業資格認定や、企業での優遇、社会的な資格認定など、さまざまなメリットがあります。

(1) 日本の出入国管理上の優遇措置を受けるためのポイントがつきます

「高度人材ポイント制による出入国管理上の優遇制度」で、日本語能力試験 N1 の合格者は 15 ポイント、N2 の合格者は 10 ポイントがつきます。ポイントの合計が 70 点以上の場合に、出入国管理上の優遇措置が与えられます。

詳しくは法務省入国管理局ホームページを見てください。

(2) 日本の医師等国家試験を受験するための条件のひとつです

海外において医師等の免許を持っている人が、日本の医師等の国家試験を受験するためには、日本語能力試験 N1 の認定が必要です。

医師等国家試験の受験資格認定について、詳しくは厚生労働省ホームページを見てください。

― 日本語能力試験 N1 が受験資格になっている、医師等国家試験 ―

医師、歯科医師、看護師、薬剤師、保健師、助産師、診療放射線技師、歯科衛生士、歯科技工士、臨床検査技師、理学療法士、作業療法士、視能訓練士、臨床工学技士、義肢装具士、救命救急士、言語聴覚士、獣医師

(3) 日本の准看護師試験を受験するための条件のひとつです

海外の看護師学校養成所を卒業した人が、日本の准看護師試験を受験するためには、日本語能力試験 N1 の認定が必要です。

准看護師試験は都道府県ごとに行われています。詳しくは受けたい都道府県に確認してください。

(4) 日本の中学校卒業程度認定試験で一部の試験科目の免除が受けられます

外国籍等の受験者の場合、日本語能力試験 N1 か N2 の合格者は、国語の試験が免除されます。

詳しくは文部科学省ホームページを見てください。

(5) EPA（経済連携協定）に基づく看護師・介護福祉士の候補者選定の条件のひとつです

　　EPA（経済連携協定）に基づき、インドネシア、フィリピン、ベトナムから来日する看護師・介護福祉士の候補者は、日本語能力試験 N5 程度（インドネシア、フィリピン）または N3（ベトナム）以上の認定が必要です。

　　詳しくは厚生労働省ホームページを見てください。

④ 認定の目安

日本語能力試験には N1、N2、N3、N4、N5 の５つのレベルがあります。一番易しいレベルが N5 で、一番難しいレベルが N1 です。

日本語能力試験のレベル認定の目安は、下の表のように「読む」「聞く」という言語行動で表します。表には記述していませんが、それぞれの言語行動を実現するための、文字・語彙・文法などの言語知識も必要です。

レベル	認定の目安
N1	**幅広い場面で使われる日本語を理解することができる** **読む**・幅広い話題について書かれた新聞の論説、評論など、論理的にやや複雑な文章や抽象度の高い文章などを読んで、文章の構成や内容を理解することができる。 ・さまざまな話題の内容に深みのある読み物を読んで、話の流れや詳細な表現意図を理解することができる。 **聞く**・幅広い場面において自然なスピードの、まとまりのある会話やニュース、講義を聞いて、話の流れや内容、登場人物の関係や内容の論理構成などを詳細に理解したり、要旨を把握したりすることができる。
N2	**日常的な場面で使われる日本語の理解に加え、より幅広い場面で使われる日本語をある程度理解することができる** **読む**・幅広い話題について書かれた新聞や雑誌の記事・解説、平易な評論など、論旨が明快な文章を読んで文章の内容を理解することができる。 ・一般的な話題に関する読み物を読んで、話の流れや表現意図を理解することができる。 **聞く**・日常的な場面に加えて幅広い場面で、自然に近いスピードの、まとまりのある会話やニュースを聞いて、話の流れや内容、登場人物の関係を理解したり、要旨を把握したりすることができる。
N3	**日常的な場面で使われる日本語をある程度理解することができる** **読む**・日常的な話題について書かれた具体的な内容を表す文章を、読んで理解することができる。 ・新聞の見出しなどから情報の概要をつかむことができる。 ・日常的な場面で目にする難易度がやや高い文章は、言い換え表現が与えられれば、要旨を理解することができる。 **聞く**・日常的な場面で、やや自然に近いスピードのまとまりのある会話を聞いて、話の具体的な内容を登場人物の関係などとあわせてほぼ理解できる。
N4	**基本的な日本語を理解することができる** **読む**・基本的な語彙や漢字を使って書かれた日常生活の中でも身近な話題の文章を、読んで理解することができる。 **聞く**・日常的な場面で、ややゆっくりと話される会話であれば、内容がほぼ理解できる。
N5	**基本的な日本語をある程度理解することができる** **読む**・ひらがなやカタカナ、日常生活で用いられる基本的な漢字で書かれた定型的な語句や文、文章を読んで理解することができる。 **聞く**・教室や、身の回りなど、日常生活の中でもよく出会う場面で、ゆっくり話される短い会話であれば、必要な情報を聞き取ることができる。

むずかしい ↑

やさしい ↓

⑤ 試験科目と試験（解答）時間

N1 と N2 の試験科目は「言語知識（文字・語彙・文法）・読解」と「聴解」の 2 科目です。

N3、N4、N5 の試験科目は「言語知識（文字・語彙）」「言語知識（文法）・読解」「聴解」の 3 科目です。

各レベルの試験科目と試験（解答）時間は下のとおりです。

レベル	試験科目 （試験［解答］時間）		
N1	言語知識（文字・語彙・文法）・読解 （110 分）		聴解 （60 分）
N2	言語知識（文字・語彙・文法）・読解 （105 分）		聴解 （50 分）
N3	言語知識（文字・語彙） （30 分）	言語知識（文法）・読解 （70 分）	聴解 （40 分）
N4	言語知識（文字・語彙） （30 分）	言語知識（文法）・読解 （60 分）	聴解 （35 分）
N5	言語知識（文字・語彙） （25 分）	言語知識（文法）・読解 （50 分）	聴解 （30 分）

※実際の試験では試験（解答）時間に加えて試験の説明時間があります。

※試験（解答）時間は変更される場合があります。また「聴解」は、試験問題の録音の長さによって試験（解答）時間が多少変わります。

6 試験問題の構成と大問のねらい

　各試験科目で出題する問題を、測ろうとしている能力ごとにまとめたものを「大問」と呼びます。
各大問には、複数の小問が含まれます。また、レベルごとに大問のねらいを定めています。

試験問題の構成

試験科目		大問	N1	N2	N3	N4	N5
言語知識・読解	文字・語彙	漢字読み	○	○	○	○	○
		表記	—	○	○	○	○
		語形成	—	○	—	—	—
		文脈規定	○	○	○	○	○
		言い換え類義	○	○	○	○	○
		用法	○	○	○	○	—
	文法	文の文法1（文法形式の判断）	○	○	○	○	○
		文の文法2（文の組み立て）	○	○	○	○	○
		文章の文法	○	○	○	○	○
	読解	内容理解（短文）	○	○	○	○	○
		内容理解（中文）	○	○	○	○	○
		内容理解（長文）	○	—	○	—	—
		統合理解	○	○	—	—	—
		主張理解（長文）	○	○	—	—	—
		情報検索	○	○	○	○	○
聴解		課題理解	○	○	○	○	○
		ポイント理解	○	○	○	○	○
		概要理解	○	○	○	—	—
		発話表現	—	—	○	○	○
		即時応答	○	○	○	○	○
		統合理解	○	○	—	—	—

N1 大問のねらい

試験科目 (試験 [解答] 時間)			問題の構成	
			大問	ねらい
言語知識 ・ 読解 (110分)	文字・語彙	1	漢字読み	漢字で書かれた語の読み方を問う
		2	文脈規定	文脈によって意味的に規定される語が何であるかを問う
		3	言い換え類義	出題される語や表現と意味的に近い語や表現を問う
		4	用法	出題語が文の中でどのように使われるのかを問う
	文法	5	文の文法1 (文法形式の判断)	文の内容に合った文法形式かどうかを判断することができるかを問う
		6	文の文法2 (文の組み立て)	統語的に正しく、かつ、意味が通る文を組み立てることができるかを問う
		7	文章の文法	文章の流れに合った文かどうかを判断することができるかを問う
	読解	8	内容理解（短文）	生活・仕事などいろいろな話題も含め、説明文や指示文など200字程度のテキストを読んで、内容が理解できるかを問う
		9	内容理解（中文）	評論、解説、エッセイなど500字程度のテキストを読んで、因果関係や理由などが理解できるかを問う
		10	内容理解（長文）	解説、エッセイ、小説など1,000字程度のテキストを読んで、概要や筆者の考えなどが理解できるかを問う
		11	統合理解	複数のテキスト（合計600字程度）を読み比べて、比較・統合しながら理解できるかを問う
		12	主張理解（長文）	社説、評論など抽象性・論理性のある1,000字程度のテキストを読んで、全体として伝えようとしている主張や意見がつかめるかを問う
		13	情報検索	広告、パンフレット、情報誌、ビジネス文書などの情報素材（700字程度）の中から必要な情報を探し出すことができるかを問う
聴解 (60分)		1	課題理解	まとまりのあるテキストを聞いて、内容が理解できるかどうかを問う（具体的な課題解決に必要な情報を聞き取り、次に何をするのが適当か理解できるかを問う）
		2	ポイント理解	まとまりのあるテキストを聞いて、内容が理解できるかどうかを問う（事前に示されている聞くべきことをふまえ、ポイントを絞って聞くことができるかを問う）
		3	概要理解	まとまりのあるテキストを聞いて、内容が理解できるかどうかを問う（テキスト全体から話者の意図や主張などが理解できるかを問う）
		4	即時応答	質問などの短い発話を聞いて、適切な応答が選択できるかを問う
		5	統合理解	長めのテキストを聞いて、複数の情報を比較・統合しながら、内容が理解できるかを問う

N2 大問_{だいもん}のねらい

試験科目 （試験［解答］時間）		問題の構成	
		大問	ねらい
言語知識 ・ 読解 （105分）	文字・語彙	1　漢字読み	漢字で書かれた語の読み方を問う
		2　表記	ひらがなで書かれた語が、漢字でどのように書かれるかを問う
		3　語形成	派生語や複合語の知識を問う
		4　文脈規定	文脈によって意味的に規定される語が何であるかを問う
		5　言い換え類義	出題される語や表現と意味的に近い語や表現を問う
		6　用法	出題語が文の中でどのように使われるのかを問う
	文法	7　文の文法1 （文法形式の判断）	文の内容に合った文法形式かどうかを判断することができるかを問う
		8　文の文法2 （文の組み立て）	統語的に正しく、かつ、意味が通る文を組み立てることができるかを問う
		9　文章の文法	文章の流れに合った文かどうかを判断することができるかを問う
	読解	10　内容理解（短文）	生活・仕事などいろいろな話題も含め、説明文や指示文など200字程度のテキストを読んで、内容が理解できるかを問う
		11　内容理解（中文）	比較的平易な内容の評論、解説、エッセイなど500字程度のテキストを読んで、因果関係や理由、概要や筆者の考え方などが理解できるかを問う
		12　統合理解	比較的平易な内容の複数のテキスト（合計600字程度）を読み比べて、比較・統合しながら理解できるかを問う
		13　主張理解（長文）	論理展開が比較的明快な評論など、900字程度のテキストを読んで、全体として伝えようとしている主張や意見がつかめるかを問う
		14　情報検索	広告、パンフレット、情報誌、ビジネス文書などの情報素材（700字程度）の中から必要な情報を探し出すことができるかを問う
聴解 （50分）		1　課題理解	まとまりのあるテキストを聞いて、内容が理解できるかどうかを問う（具体的な課題解決に必要な情報を聞き取り、次に何をするのが適当か理解できるかを問う）
		2　ポイント理解	まとまりのあるテキストを聞いて、内容が理解できるかどうかを問う（事前に示されている聞くべきことをふまえ、ポイントを絞って聞くことができるかを問う）
		3　概要理解	まとまりのあるテキストを聞いて、内容が理解できるかどうかを問う（テキスト全体から話者の意図や主張などが理解できるかを問う）
		4　即時応答	質問などの短い発話を聞いて、適切な応答が選択できるかを問う
		5　統合理解	長めのテキストを聞いて、複数の情報を比較・統合しながら、内容が理解できるかを問う

N3 大問のねらい

試験科目 (試験［解答］時間)			問題の構成	
			大問	ねらい
言語知識 (30分)	文字・語彙	1	漢字読み	漢字で書かれた語の読み方を問う
		2	表記	ひらがなで書かれた語が、漢字でどのように書かれるかを問う
		3	文脈規定	文脈によって意味的に規定される語が何であるかを問う
		4	言い換え類義	出題される語や表現と意味的に近い語や表現を問う
		5	用法	出題語が文の中でどのように使われるのかを問う
言語知識・読解 (70分)	文法	1	文の文法1 (文法形式の判断)	文の内容に合った文法形式かどうかを判断することができるかを問う
		2	文の文法2 (文の組み立て)	統語的に正しく、かつ、意味が通る文を組み立てることができるかを問う
		3	文章の文法	文章の流れに合った文かどうかを判断することができるかを問う
	読解	4	内容理解（短文)	生活・仕事などいろいろな話題も含め、説明文や指示文など150～200字程度の書き下ろしのテキストを読んで、内容が理解できるかを問う
		5	内容理解（中文)	書き下ろした解説、エッセイなど350字程度のテキストを読んで、キーワードや因果関係などが理解できるかを問う
		6	内容理解（長文)	解説、エッセイ、手紙など550字程度のテキストを読んで、概要や論理の展開などが理解できるかを問う
		7	情報検索	広告、パンフレットなどの書き下ろした情報素材（600字程度）の中から必要な情報を探し出すことができるかを問う
聴解 (40分)		1	課題理解	まとまりのあるテキストを聞いて、内容が理解できるかどうかを問う（具体的な課題解決に必要な情報を聞き取り、次に何をするのが適当か理解できるかを問う)
		2	ポイント理解	まとまりのあるテキストを聞いて、内容が理解できるかどうかを問う（事前に示されている聞くべきことをふまえ、ポイントを絞って聞くことができるかを問う)
		3	概要理解	まとまりのあるテキストを聞いて、内容が理解できるかどうかを問う（テキスト全体から話者の意図や主張などが理解できるかを問う)
		4	発話表現	イラストを見ながら、状況説明を聞いて、適切な発話が選択できるかを問う
		5	即時応答	質問などの短い発話を聞いて、適切な応答が選択できるかを問う

N4 大問のねらい

試験科目 (試験 [解答] 時間)		問題の構成		
		大問		ねらい
言語知識 (30分)	文字・語彙	1	漢字読み	漢字で書かれた語の読み方を問う
		2	表記	ひらがなで書かれた語が、漢字でどのように書かれるかを問う
		3	文脈規定	文脈によって意味的に規定される語が何であるかを問う
		4	言い換え類義	出題される語や表現と意味的に近い語や表現を問う
		5	用法	出題語が文の中でどのように使われるのかを問う
言語知識 ・ 読解 (60分)	文法	1	文の文法1 (文法形式の判断)	文の内容に合った文法形式かどうかを判断することができるかを問う
		2	文の文法2 (文の組み立て)	統語的に正しく、かつ、意味が通る文を組み立てることができるかを問う
		3	文章の文法	文章の流れに合った文かどうかを判断することができるかを問う
	読解	4	内容理解（短文）	学習・生活・仕事に関連した話題・場面の、やさしく書き下ろした100〜200字程度のテキストを読んで、内容が理解できるかを問う
		5	内容理解（中文）	日常的な話題・場面を題材にやさしく書き下ろした450字程度のテキストを読んで、内容が理解できるかを問う
		6	情報検索	案内やお知らせなど書き下ろした400字程度の情報素材の中から必要な情報を探し出すことができるかを問う
聴解 (35分)		1	課題理解	まとまりのあるテキストを聞いて、内容が理解できるかどうかを問う（具体的な課題解決に必要な情報を聞き取り、次に何をするのが適当か理解できるかを問う）
		2	ポイント理解	まとまりのあるテキストを聞いて、内容が理解できるかどうかを問う（事前に示されている聞くべきことをふまえ、ポイントを絞って聞くことができるかを問う）
		3	発話表現	イラストを見ながら、状況説明を聞いて、適切な発話が選択できるかを問う
		4	即時応答	質問などの短い発話を聞いて、適切な応答が選択できるかを問う

N5 大問のねらい

試験科目 (試験[解答]時間)			問題の構成	
			大問	ねらい
言語知識 文字・語彙 (25分)	文字・語彙	1	漢字読み	漢字で書かれた語の読み方を問う
		2	表記	ひらがなで書かれた語が、漢字・カタカナでどのように書かれるかを問う
		3	文脈規定	文脈によって意味的に規定される語が何であるかを問う
		4	言い換え類義	出題される語や表現と意味的に近い語や表現を問う
言語知識 ・ 読解 (50分)	文法	1	文の文法1 (文法形式の判断)	文の内容に合った文法形式かどうかを判断することができるかを問う
		2	文の文法2 (文の組み立て)	統語的に正しく、かつ、意味が通る文を組み立てることができるかを問う
		3	文章の文法	文章の流れに合った文かどうかを判断することができるかを問う
	読解	4	内容理解（短文）	学習・生活・仕事に関連した話題・場面の、やさしく書き下ろした80字程度のテキストを読んで、内容が理解できるかを問う
		5	内容理解（中文）	日常的な話題・場面を題材にやさしく書き下ろした250字程度のテキストを読んで、内容が理解できるかを問う
		6	情報検索	案内やお知らせなど書き下ろした250字程度の情報素材の中から必要な情報を探し出すことができるかを問う
聴解 (30分)		1	課題理解	まとまりのあるテキストを聞いて、内容が理解できるかどうかを問う（具体的な課題解決に必要な情報を聞き取り、次に何をするのが適当か理解できるかを問う）
		2	ポイント理解	まとまりのあるテキストを聞いて、内容が理解できるかどうかを問う（事前に示されている聞くべきことをふまえ、ポイントを絞って聞くことができるかを問う）
		3	発話表現	イラストを見ながら、状況説明を聞いて、適切な発話が選択できるかを問う
		4	即時応答	質問などの短い発話を聞いて、適切な応答が選択できるかを問う

⑦ 試験科目と得点区分

試験結果は、下の表の得点区分にしたがって表示します。N1、N2、N3 の得点区分は「言語知識（文字・語彙・文法）」「読解」「聴解」の 3 区分です。N4、N5 の得点区分は「言語知識（文字・語彙・文法）・読解」と「聴解」の 2 区分です。

試験を受けるときの「試験科目」と、試験結果を受け取るときの「得点区分」は、下の表のように対応しています。試験科目と得点区分は一致しませんので注意してください。

レベル	試験科目		得点区分	得点の範囲
N1 N2	①言語知識（文字・語彙・文法）・読解	⇒	①言語知識（文字・語彙・文法）	0 ～ 60
			②読解	0 ～ 60
	②聴解		③聴解	0 ～ 60
			総合得点	0 ～ 180
N3	①言語知識（文字・語彙）	⇒	①言語知識（文字・語彙・文法）	0 ～ 60
	②言語知識（文法）・読解		②読解	0 ～ 60
	③聴解		③聴解	0 ～ 60
			総合得点	0 ～ 180
N4 N5	①言語知識（文字・語彙）	⇒	①言語知識（文字・語彙・文法）・読解	0 ～ 120
	②言語知識（文法）・読解			
	③聴解		②聴解	0 ～ 60
			総合得点	0 ～ 180

8 試験の結果

(1) 合否判定

　合格するためには、①総合得点が合格に必要な点（＝合格点）以上であること、②各得点区分の得点が、区分ごとに設けられた合格に必要な点（＝基準点）以上であること、の二つが必要です。一つでも基準点に達していない得点区分がある場合は、総合得点がどんなに高くても不合格になります。

　N1 ～ N3 と N4・N5 は、得点区分が異なります。各レベルの合格点及び基準点は下の表のとおりです。

レベル	総合得点		得点区分別得点					
			言語知識（文字・語彙・文法）		読解		聴解	
	得点の範囲	合格点	得点の範囲	基準点	得点の範囲	基準点	得点の範囲	基準点
N1	0 ～ 180 点	100 点	0 ～ 60 点	19 点	0 ～ 60 点	19 点	0 ～ 60 点	19 点
N2	0 ～ 180 点	90 点	0 ～ 60 点	19 点	0 ～ 60 点	19 点	0 ～ 60 点	19 点
N3	0 ～ 180 点	95 点	0 ～ 60 点	19 点	0 ～ 60 点	19 点	0 ～ 60 点	19 点

レベル	総合得点		得点区分別得点			
			言語知識（文字・語彙・文法）・読解		聴解	
	得点の範囲	合格点	得点の範囲	基準点	得点の範囲	基準点
N4	0 ～ 180 点	90 点	0 ～ 120 点	38 点	0 ～ 60 点	19 点
N5	0 ～ 180 点	80 点	0 ～ 120 点	38 点	0 ～ 60 点	19 点

(2) 結果の通知

　日本国内での受験者には、全員に「合否結果通知書」（以下「通知書」と言います）を送ります。海外での受験者には、全員に「日本語能力試験認定結果及び成績に関する証明書」（以下「証明書」と言います）を送ります。また、合格者には、「日本語能力認定書」（以下「認定書」と言います）を送ります。日本国内、韓国、台湾、中国で受験し合格した人の認定書には顔写真が載っています。

通知書、証明書では、合格、不合格のほかに、試験の得点を下のように表示しています。結果の見かたは下のとおりです。

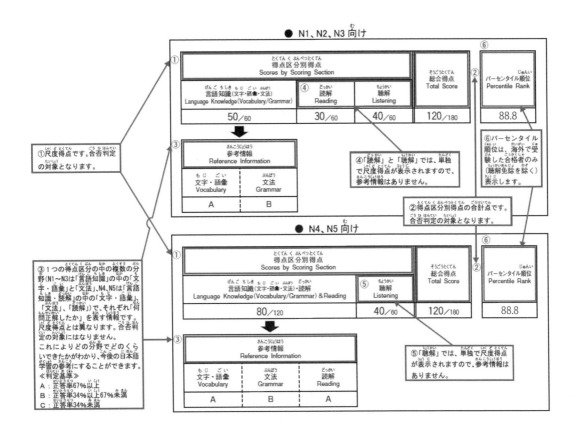

一つでも受験した試験科目があれば、通知書または証明書は届きますが、一科目でも欠席すると受験した試験科目も含めて全ての試験科目が採点の対象外となり、不合格になります。その場合、全ての試験科目の得点欄に「＊＊／60」のように＊（アスタリスク）が表示されます。全ての試験科目を欠席した人には、成績書類は届きません。

日本語能力試験の得点は尺度得点です。尺度得点についての詳しい説明は日本語能力試験公式ウェブサイト <www.jlpt.jp/about/pdf/scaledscore_j.pdf> を見てください。

海外で受験した合格者（聴解免除を除く）の証明書には、その試験を含む過去6回の全受験者の中での「パーセンタイル順位」（あなたの得点に満たない受験者は全体の何パーセントを占めているか）が表示されます。

⑨ よくある質問

(1) 試験について

Q. 日本語能力試験はどんな試験ですか。

A. 日本語能力試験は、原則として日本語を母語としない人を対象に、日本国内及び海外で、日本語能力を測定し、認定することを目的としています。

Q. どんな人が受験できますか。

A. 母語が日本語でない人なら、だれでも受験できます。日本国籍を持っているかどうかは関係がありません。年齢制限もありません。

Q. 身体等に障害がある人の受験はできますか。

A. はい、できます。身体等に障害がある人のために、受験上の配慮を行います。受験地の実施機関に問い合わせてください。受験上の配慮を希望する人は、申し込みのとき、願書といっしょに「受験上の配慮申請書」を出す必要があります。

Q. 試験は年に何回行われますか。

A. 7月と12月の2回です。ただし海外では、7月の試験だけ行う都市や、12月の試験だけ行う都市があります。受験したい都市でいつ試験を行うかについては、日本語能力試験公式ウェブサイトの「海外の実施都市・実施機関一覧」<www.jlpt.jp/application/overseas_list.html>を見てください。

Q. 試験はどこで受けられますか。

A. 日本では、47都道府県で受験することができます。海外で受験する人は、日本語能力試験公式ウェブサイトの「海外の実施都市・実施機関一覧」<www.jlpt.jp/application/overseas_list.html>で試験を行う都市を調べることができます。

Q. 全部ではなく、一部の試験科目だけを申し込むことができますか。

A. いいえ、できません。

Q. 受験料、申し込み期限、願書の入手方法など、申し込みのための具体的な手続きを教えてください。

A. 日本で受験したい人は日本国際教育支援協会のウェブサイト＜ info.jees-jlpt.jp ＞を見てください。海外で受験したい人は受験地の実施機関に問い合わせてください。海外の実施機関は日本語能力試験公式ウェブサイト＜www.jlpt.jp＞で確認できます。

Q. 申し込みのとき、試験を受けたい国・地域にいませんが、どうしたらいいですか。

A. 必ず受験地の実施機関に申し込みをしてください。受験地によって申し込みの方法がちがいます。受験地の実施機関に問い合わせてください。自分で申し込みができなかったら、受験地の友だちや知っている人にたのんでください。

Q. 日本語能力試験の主催者はどこですか。

A. 国際交流基金と日本国際教育支援協会です。
国内においては日本国際教育支援協会が、海外においては国際交流基金が各地の実施機関の協力を得て、実施しています。
台湾では、公益財団法人日本台湾交流協会との共催で実施しています。

Q. 日本語能力試験の最新の情報はどこでわかりますか。

A. 日本語能力試験公式ウェブサイト＜ www.jlpt.jp ＞を見てください。

(2) レベルについて

Q. どの受験者もみんな同じ問題を受けて、その結果からレベルが判定されるのですか。

A. いいえ。レベル（N1 ～ N5）によって試験問題がちがいます。その人の日本語能力をできるだけ正確に測るために、レベルごとにちがう問題が用意されています。自分に合ったレベルを選んで受験してください。

Q. 受験するレベルはどのように決めればいいですか。

A. 「❹ 認定の目安」を参考にしてください。また、この問題集で実際に試験に出るのと同じ形式の問題を解きながら、具体的にレベルを確かめてください。

(3) 試験科目と試験(解答)時間、試験問題について

Q. 日本語能力試験には、会話や作文の試験がありますか。

A. いいえ、今のところ、どちらもありません。

Q. 試験科目や試験(解答)時間はどうなっていますか。

A. 「**5** 試験科目と試験(解答)時間」のとおりです。

Q. N1 と N2 の試験科目「言語知識（文字・語彙・文法）・読解」が、N3、N4、N5 で「言語知識（文字・語彙）」と「言語知識（文法）・読解」の２つに分かれているのはどうしてですか。

A. N3、N4、N5 は、試験に出せる語彙や文法の項目が少ないです。それで、N1 と N2 のように「言語知識（文字・語彙・文法）・読解」と１つの試験科目にまとめると、いくつかの問題がほかの問題のヒントになることがあります。このことを避けるために、N3、N4、N5 では「言語知識（文字・語彙）」と「言語知識（文法）・読解」の２つに試験科目が分かれています。

Q. 日本語能力試験の解答方法は、すべてマークシートですか。

A. はい、多枝選択によるマークシート方式です。選択枝の数はほとんど４つですが、「聴解」では３つの問題もあります。

Q. N1 と N2 の「聴解」の最後の問題で、問題文に、「この問題には練習はありません」と書かれています。これはどういう意味ですか。

A. 「聴解」のほかの問題には、受験者に問題形式や答え方を理解してもらうための例題がありますが、最後の問題にはそのような例題の練習がないということです。

Q. 日本語能力試験では、日本に関する文化的な知識が必要な問題が出題されますか。

A. 日本に関する文化的な知識そのものを問う問題はありません。文化的な内容が問題に含まれる場合もありますが、その知識がなければ解答できないような問題は出題していません。

Q. 試験の問題用紙は、試験終了後、持ち帰ることができますか。

A. 試験の問題用紙を持ち帰ることはできません。問題用紙を持ち帰ると失格になります。

Q. 試験が終わった後で、正解を知ることはできますか。

A. 正解は公開していません。

Q. 過去に出題された試験問題は出版されますか。

A. 毎回の試験をそのまま問題集として出版することはしませんが、2010 年に改定した日本語能力試験についてこれまでにこの問題集を含めて 2 集の『日本語能力試験公式問題集』が発行されています。『日本語能力試験公式問題集』（2012 年発行）とこの『日本語能力試験公式問題集　第二集』（2018 年発行）には、2010 年の改定後実際に出題した試験問題の中から、それぞれ各レベルとも試験 1 回分に相当する数の問題が掲載されています。

今後も一定期間ごとに、過去に出題した試験問題を使って問題集を発行する予定です。発行時期などは、日本語能力試験公式ウェブサイト <www.jlpt.jp> などで発表します。

Q. 日本語能力試験の試験問題の著作権は、だれが所有しますか。

A. 試験問題の著作権は、主催者の国際交流基金と日本国際教育支援協会が所有します。

本書を無断で転載・複写・複製することは法律で固く禁じられています。

また、試験問題の一部には、第三者の著作物が含まれています。当該第三者の著作物が含まれる部分を使用される場合は、別途著作権者の承諾が必要となります。

(4) 得点と合否判定について

Q. 試験の得点はどのように出されますか。

A. 各レベルの得点区分と得点の範囲は「 7 試験科目と得点区分」のとおりです。

Q. 試験の結果を受け取ると、N4、N5 では、試験科目が別々だった「言語知識（文字・語彙）」と「言語知識（文法）・読解」が、1 つの得点区分にまとまっています。どうしてですか。

A. 日本語学習の基礎段階にある N4、N5 では、「言語知識」と「読解」の能力で重なる部分、未分化な部分が多いです。それで、「言語知識」と「読解」の得点を別々に出すよりも、合わせて出す方が学習段階の特徴に合っていると考えているためです。

Q. それぞれの得点区分の中で、各問題の配点はどのようになっていますか。

A. 試験の中には、各問題の配点を決めておき、正解した問題の配点を合計して、得点を出す方式もありますが、日本語能力試験は、「項目応答理論」に基づいた尺度得点方式なので、問題ごとの配点を合計するという方法ではありません。尺度得点についての詳しい説明は日本語能力試験公式ウェブサイト <www.jlpt.jp/about/pdf/scaledscore_j.pdf> を見てください。

Q. 試験の結果をもらったら、思っていた得点と違ったのですが、確かめてもらえますか。

A. 一人一人の得点は、機械処理だけではなく、専門家による厳正な点検をして出しています。受験案内に明記されているように、個別の成績に関する問い合わせには、一切答えられません。なお、日本語能力試験の得点は「尺度得点」という得点です。「尺度得点」は、受験者一人一人の「解答のパターン」をもとに出す得点です。「正解した問題の数」から出される得点ではありません。そのため、自分で思っていた得点とは違う結果になることもあります。尺度得点についての詳しい説明は日本語能力試験公式ウェブサイト <www.jlpt.jp/about/pdf/scaledscore_j.pdf> を見てください。

Q. 結果をもらい、得点はわかりましたが、自分が受験者全体の中でどのくらいの位置だったのか知りたいです。

A. 日本語能力試験公式ウェブサイトの「過去の試験のデータ」<www.jlpt.jp/statistics/archive.html> の各回の試験の詳しい資料に、「尺度得点累積分布図」というグラフが載っています。結果に書かれている尺度得点とこのグラフを使うと、自分と同じ試験を受けた（2016年第1回（7月）試験からは、受けた試験を含む過去6回の）受験者全体の中で、自分がどの位置にいるかを知ることができます。

海外で受験した合格者（聴解免除を除く）の成績証明書には、その試験を含む過去6回の全受験者の中での「パーセンタイル順位」（あなたの得点に満たない受験者は全体の何パーセントを占めているか）を表示しています。

Q. どうして、合格するために、①総合得点が合格点以上で、②すべての得点区分の得点が基準点以上であることが必要なのですか。

A. 「言語知識」「読解」「聴解」のどの要素の能力もそれぞれ一定程度備えているかどうか、評価するためです。

Q. 受験しない試験科目があったら、どうなりますか。

A. 受験すべき試験科目のうち、1つでも受験しない試験科目があると、不合格になります。「合否結果通知書」または「日本語能力試験認定結果及び成績に関する証明書」は届きますが、受験した試験科目も含めてすべての試験科目の得点が出ません。

Q. ある得点区分が基準点に届かなくて不合格になったら、その次の試験で、その得点区分に対応している試験科目だけを受験して、基準点以上の点をとれば合格になりますか。

A. いいえ。合格・不合格の判定は、1回の試験ごとに、すべての試験科目を受験した人を対象に行います。ですから、基準点を上回らなかった得点区分に対応している試験科目だけを次の試験で受験しても、合格・不合格の判定ができません。次の試験ですべての試験科目を受験して、①総合得点が合格点以上で、②すべての得点区分の得点が基準点以上なら合格です。

(5) 試験の結果について

Q. 試験の結果はいつ、どのようにもらえますか。

A. 合格者には「日本語能力認定書」を交付します。また、日本国内での受験者全員に「合否結果通知書」を送ります。海外での受験者には「日本語能力試験認定結果及び成績に関する証明書」を全員に交付します。日本国内の場合、第1回試験（7月）の結果は9月上旬、第2回試験（12月）の結果は2月上旬に送る予定です。海外の場合は、受験地の実施機関を通じて交付されますので、第1回試験（7月）の結果は10月上旬、第2回試験（12月）の結果は3月上旬に受験者に届く予定です。その月が終わるころになっても届かない場合は、受験地の実施機関に問い合わせてください。

また、試験の結果はインターネットで見ることができます（日本での受験者はインターネット申込者のみ）。第1回試験（7月）は8月末、第2回試験（12月）は1月末に確認できる予定です。見られる期間と内容は、受験した場所によって異なります。日本語能力試験公式ウェブサイトの「試験結果発表」<www.jlpt.jp/guideline/results_online.html> を見てください。

Q. 電話やメールで試験の結果を教えてもらえますか。

A. できません。

Q. 日本語能力試験の認定に有効期限はありますか。

A. 日本語能力試験の認定に有効期限はありません。ただし、試験の結果を参考にする会社や学校が有効期限を決めている場合があるようです。必要に応じて会社や学校に個別に確認してください。

Q. 日本語能力試験の結果は、日本の大学で入学試験の参考資料として使われますか。

A. 日本語能力試験の結果を参考にしている大学もあります。詳しくは志望校に直接問い合わせてください。

Q. 勤務先から日本語能力を公的に証明できる書類を提出するように言われました。過去の受験結果について、証明書の発行が受けられますか。

A. 所定の手続きを行えば、希望者には「日本語能力試験認定結果及び成績に関する証明書」を発行しています。申請方法は、日本で受験した人は日本国際教育支援協会のウェブサイト <info.jees-jlpt> を見てください。海外で受験した人は日本語能力試験公式ウェブサイト <www.jlpt.jp> を見てください。

日本語能力試験　公式問題集　第二集　N4

2018 年 12 月 28 日　初版第 1 刷発行
2023 年　7 月 14 日　初版第 3 刷発行

著作・編集　　　独立行政法人　国際交流基金
　　　　　　　　URL　https://www.jpf.go.jp/

　　　　　　　　公益財団法人　日本国際教育支援協会
　　　　　　　　URL　http://www.jees.or.jp/

　　　　　　　　　　日本語能力試験公式ウェブサイト
　　　　　　　　　　URL　https://www.jlpt.jp/

発行　　　　　　株式会社　凡人社
　　　　　　　　〒 102-0093　東京都千代田区平河町 1-3-13
　　　　　　　　電話　03-3263-3959
　　　　　　　　URL　http://www.bonjinsha.com/

印刷　　　　　　倉敷印刷株式会社